아이다이노소어 증강 현실 애니메이션에는 여러 툴바가 있어요. 제일 흔하게 쓰는 버튼 사용법에 대해 알아봐요.

이 버튼을 누르면 툴바를 열거나 닫을 수 있어요.

이 버튼을 누르면 초기 화면으로 되돌아가요.

이 버튼을 누르면 앱을 리셋할 수 있어요.

이 카메라 버튼을 누르면 사진을 찍을 수 있어요.

이 조이스틱을 이용해서 공룡을 이리저리 움직일 수 있어요.

이 버튼을 누르면 공룡이 으르렁거려요!

이 버튼을 누르면 공룡이 짠 하고 나타날 거예요.

도움이 필요한가요?

작동하는 데 문제가 있다면 이 웹사이트를 참고하세요.

www.iwizbooks.com/iwiz/help

WARNING!

공룡은 살아있다

2013년 10월 5일 초판 1쇄 발행
2019년 12월 10일 초판 5쇄 발행
펴낸이 김대현
펴낸곳 아이위즈
주소 서울시 마포구 양화로 78, 서교빌딩 601호
전화 02-2268-6042 | **팩스** 02-2268-9422
홈페이지 www.iwizbooks.com
등록 1991년 2월 22일 제 2-1134호
ISBN 978-89-91494-94-7 13490

iDinosaur
Text, design and illustrations © Carlton Books Limited 2013
Korean translation rights © 2013 Athena Publishing Inc.
All rights reserved.
Published by arrangement with Carlton Books Ltd through Amo Agency.
Printed in Dongguan, China

이 책의 한국어판 저작권은 AMO 에이전시를 통해 저작권자와 독점 계약한 ㈜도서출판 아테나에 있습니다.
신 저작권법에 의해 한국 내에서 보호를 받는 저작물이므로 무단 전재와 무단 복제를 금합니다.

아이위즈 iWizbooks는 ㈜도서출판 아테나의 임프린트입니다.
책값은 표지에 있습니다. 잘못된 책은 바꾸어 드립니다.

아이위즈

The publishers would like to thank the following sources for their kind permission to reproduce the pictures in this book.
Key: T: Top, B: bottom, L: Left, R: Right, C: Centre
Alamy: /Leonello Calvetti: 26-27, /Rod McLean: 28-29
American Museum of Natural History: 23tr
© Carlton Books Ltd: 3, 5, 6-7, 8-9, 10-11, 12-13, 14bl, 14-15, 16-17, 18-19, 20-21, 21t, 22-23, 24-25, 30-31b, /Vlad Constantinov: 23br, 29
Corbis: /Klaus Lang/ All Canada Photos: 26-27, Connor Stefanison/All Canada Photos: 6-7, 12-13, 16-17, (background), /Torben Bellmer: 14-15 (background), /Jonathan Blair: 19r, /DK: 30bl, /Sandy Felsenthal: 20, / Louie Psihoyos: 26bl, /Kevin Schafer: 23bl,
DK Images: 27r
FLPA: /Pete Oxford/Minden Pictures: 13b
Getty Images: 11r, 12t
iStockphoto.co.uk: 10-11 (background), 30-31 (background), 31r
National History Museum: 7, 15r, 17
Thinkstockphotos.co.uk: 4-5, 22-23 (background), 30c

Every effort has been made to acknowledge correctly and contact the source and/or copyright holder of each picture and Carlton Books Limited apologises for any unintentional errors or omissions, which will be corrected in future editions of this book.

번역 김아람 | 서울대 생물교육과 졸업, 동대학원 과학사 및 과학철학 협동 과정에서 석사 학위 취득 후, 엔토스 코리아에서 생물, 과학분야 전문번역가로 활동 중이에요. 옮긴 책으로는 『미국 초등 교과서 핵심 지식시리즈 GK-과학편』, 『리얼 다이노소어(월드 베스트 공룡가이드)』, 『앵그리버드 스페이스』등이 있어요.

감수 손진담 박사 | 서울대 지질학과에서 박사학위를 취득하셨고, 한국지질학회, 한국고생물학회 정회원으로 계시며, 경북 군위와 전남 해남에서 각각 공룡 뼈와 발자국 화석을 처음으로 발견하셨어요. 국내 지질공룡박물관 건립에 많은 노력을 기울이셨으며, 현재는 국립중앙과학관의 자문과학자와 한국과학창의재단의 홍보대사로 활동하고 계신답니다.

주의! 책의 모서리 부분이 날카로우니, 다치지 않도록 주의하세요.

DINOSAURS RULE!
공룡이 최고!

공룡은 놀라운 육지 파충류에요. 종류도 엄청나게 다양하답니다.
2억 3000만 년에서 6500만 년 전 사이에 지구를 어슬렁거렸죠.

파충류의 전성시대

트라이아스기는 약 2억 5000만 년 전에 시작되었어요. 이때 살던 육지 동물은 크게 두 종류로 나뉘죠. 단궁류(초기 포유류를 포함한)와 조룡이죠. 단궁류는 제일 널리 퍼지고 성공적으로 번식한 동물들이었지만 트라이아스기가 끝날 무렵에는 조룡이 그 자리를 물려 받았어요. 조룡은 공룡이나 익룡들의 조상이지요.

트라이아스기가 끝날 무렵에는 지구도 변하기 시작했어요. 대륙이 움직이면서 산맥이나 새로운 대양이 만들어졌죠. 공룡들은 이 변화에 잘 적응해서 번식해나갔어요. 그래서 쥐라기 무렵에는 전 세계를 지배했답니다. 공룡들이 땅 위를 지배하는 동안 바다에는 수장룡이라 불리는 파충류가 나타났어요. 이 수장룡은 몸집이 엄청 커서 바다를 지배했죠. 또 하늘에는 거대한 익룡이 나타났어요. 이들은 커다란 날개를 쫙 펴고 날아다니며 먹잇감을 찾아다녔답니다.

공룡의 발견

동물이나 식물의 잔해는 화석에 남았어요. 공룡 같은 선사시대 생물을 연구하는 과학자인 고생물학자들이 이런 화석들을 보고 공룡들이 어떻게 살았는지를 퍼즐 조각 맞추듯 알아내고 있어요. 공룡 뼈 화석을 보면 공룡의 몸집이나 생김새를 알 수 있어요. 또 이빨이나 발톱 화석을 보면 공룡이 무엇을 먹고살았는지 알 수 있죠.

브라키오사우루스는 후기 공룡들이 어떻게 환경에 적응했는지를 보여주는 좋은 예에요. 이 공룡은 튼튼한 발과 긴 앞다리로 커다란 몸통을 떠받쳤죠. 브라키오사우루스는 몸통과 긴 목을 위로 들어올려 높이 있는 나뭇잎을 따먹었어요. 몸집 작은 초식 동물들은 이렇게 하지 못하죠.

브라키오사우루스

살았던 시기 | 1억 5000만 년~1억 4000만 년 전	**몸길이** | 23m
시대 | 쥐라기 후기	**키** | 13m
살았던 지역 | 지금의 미국	**몸무게** | 최대 35t
	먹이 | 초식성(식물을 먹음)

비늘 같은 피부

공룡들의 피부 화석이 남아 있기는 하지만 우리는 이 놀라운 동물의 몸 색깔이 어땠는지 확실히 몰라요. 하지만 오늘날의 파충류들을 보면, 공룡들의 피부는 몸을 숨기거나 자기를 과시하기에 알맞은 무늬와 색깔을 갖고 있었을 거라 생각돼죠.

폴라칸투스의 피부 화석이에요. 갑옷을 입은 공룡이지요.

공룡들의 번성

공룡들은 약 2억 3000만 년 전인 트라이아스기 후기에 나타나 1억 6000만 년 동안 지구를 지배했어요. 공룡은 다른 동물들에 비해 더 효율적으로 에너지를 활용했죠. 공룡은 다리로 몸통을 떠받들어 똑바로 설 수 있었어요. 재빨리 움직이기에 적합한 자세였지요. 과학자 가운데에는 공룡들이 다른 파충류들과는 달리 피가 따뜻한 온혈 동물이었고, 두뇌도 더 커서 머리 회전이 빨랐을 거라고 생각하는 과학자들도 있답니다.

THE TIME OF DINOSAURS
공룡이 살던 시대

공룡대: 2억 5000만~6500만 년 전

6500만 년 전
백악기
꽃을 피우는 식물들이 처음 나타났고 소나무 같은 침엽수들이 많이 자라났어요. 소철과 은행나무는 점점 수가 줄어들었죠. 백악기가 끝날 무렵까지도 육지 동물 가운데 수가 제일 많은 건 공룡이었어요. 몸집 작은 포유류도 널리 퍼졌죠.

1억 3500만 년 전
쥐라기
소철과 침엽수, 고사리가 점점 널리 퍼졌어요. 조류가 처음으로 나타났지요. 바다 파충류와 익룡들이 다양한 형태로 진화했어요. 물론 지구는 공룡들이 지배했죠!

2억 300만 년 전
트라이아스기
소철, 은행나무, 이끼, 고사리 같은 식물들이 널리 퍼졌어요. 파충류나 양서류들이 흔하게 살았죠. 공룡과 포유류, 악어, 익룡이 처음으로 지구상에 나타났지요.

2억 5000만 년 전

THE FIRST DINOSAURS
최초의 공룡을 만나요

공룡들이 살았던 시기는 중생대에요. 중생대는 세 개의 시기로 나뉘어요. 바로 트라이아스기, 쥐라기, 백악기죠. 공룡은 트라이아스기에 처음으로 지구상에 나타났어요.

공룡들의 세상

트라이아스기의 지구는 지금과는 아주 많이 달랐어요. 북극과 남극에 얼음 덩어리도 없었고, 육지 한가운데 바다도 없었지요. 그래서 먹이가 있는 곳으로 쉽게 옮길 수 있었어요. 날씨도 늘 건조하고 따뜻했고요. 이런 조건 덕분에 공룡은 수를 불려 지구를 지배할 수 있었답니다. 이때에는 꽃을 피우는 식물은 없었어요. 대신 소나무, 사이프러스, 소철 같은 나무나 고사리, 이끼들이 널리 퍼져 자랐지요. 이 식물들은 어디에나 있어서 초식 공룡들에게 좋은 먹잇감이 되었답니다.

변화하는 행성

트라이아스기에는 지구 위의 대륙들이 하나로 합쳐져서 커다란 초대륙을 이루고 있었어요. 이것을 판게아라고 부르죠. 판게아는 '지구 전체'라는 의미의 그리스어랍니다. 이 커다란 땅덩어리는 적도에 걸쳐져 있어서 어딜 가나 온도가 거의 비슷했어요. 또 큰 호수나 강 없이 죽 이어져 있어서 동물들이 물을 건너지 않고도 자유로이 돌아다닐 수 있었죠. 식물 씨앗도 쉽게 퍼질 수 있었고요.

판게아는 그 뒤 몇백 년에 걸쳐 쪼개졌어요. 그래서 쥐라기가 가까워져 올 무렵에는 로라시아와 곤드와나라는 두 개의 새로운 대륙으로 나뉘었죠. 그로부터 1억 5,000만 년이 지나고 백악기가 끝날 즈음에는 이 두 대륙도 다시 여러 개의 대륙으로 갈라졌어요. 학자들은 로라시아 대륙이 북반구의 여러 대륙으로, 곤드와나 대륙이 남반구의 여러 대륙으로 갈라졌다고 생각해요. 그 결과 오늘날 우리가 아는 지구의 모습과 비슷해졌답니다.

플라테오사우루스는 앞발가락이 다섯 개에 큰 앞발톱은 세 개였어요. 이것들을 사용해서 나뭇가지를 붙잡아 먹이를 먹거나, 자기를 잡아먹으려고 덤벼드는 다른 공룡들과 맞서 싸우기도 했어요.

클수록 좋아

공룡들의 조상인 조룡은 서서히 공룡으로 진화했어요. 이 과정에서 일어난 가장 큰 변화는 다리가 몸통에서 바로 밑으로 뻗었다는 거죠. 이렇게 하면 똑바로 설 수 있게 되어 더 빨리 움직일 수 있고, 또한 숨쉬기에도 좋지요.

공룡들은 진화하는 과정에서 점점 몸집이 커졌어요. 트라이아스기에는 프로사우로포드라는 커다란 공룡 무리가 나타났죠. 플라테오사우루스도 여기 속해요. 이 초식 공룡들은 나무 꼭대기에 달린 잎도 뜯어 먹을 수 있을 정도로 키가 컸어요. 이렇게 몸집이 커지면 더 많은 먹이를 먹을 수 있다는 진화적인 이점이 있지요. 이들을 잡아먹으려는 무서운 공룡들의 공격도 피할 수 있고요. 초식 공룡의 몸집은 점점 커져서 마침내 쥐라기에 들어섰을 때는 플라테오사우루스의 후손인 디플로도쿠스 같은 공룡이 큰 무리를 지어 벌판을 어슬렁거릴 정도였답니다. 또한 당시에는 용각류라는 공룡이 가장 종류가 다양했어요. 그중 몸집이 가장 큰 종류는 아직 나타나지 않았지만요.

플라테오사우루스는 초기의 초식 공룡 가운데서도 몸집이 가장 컸어요. 이 공룡은 거의 네 발로 걸어 다녔지만, 나무 위의 이파리를 먹기 위해 뒷다리로 서기도 했지요.

플라테오사우루스

살았던 시기	2억 1,400만 년~2억 400만 년 전	**몸길이**	8.5m
시대	트라이아스기	**몸무게**	1,900kg
살았던 지역	중부 유럽, 북부 유럽	**먹이**	잡식성(고기와 식물을 모두 먹음)

몸의 생김새

공룡이 최초로 나타난 건 2억 3,000만 년에서 2억 2,500만 년 전인 트라이아스기 중기예요. 이들은 이후로 무려 1억 6,000만 년 동안 지구를 호령했죠. 과학자들은 공룡이 이토록 크게 번성했던 이유가 몸의 기본적인 생김새 덕분이라고 생각한답니다. 여기서 생김새란 뼈의 짜임새나 다리의 위치 같은 구조를 말하는 거예요. 공룡들의 몸은 뛰어다니기에 딱 좋았거든요. 또 힘을 적게 들일 수 있는 구조에서 효율적으로 숨을 쉬고 움직일 수 있었죠. 다른 중생대 동물들에 비하면 정말이지 유리한 조건이었답니다. 그러니 그렇게 오랫동안 지구를 지배할 만도 하죠.

TYRANNOSAURUS REX
티라노사우루스 렉스

티라노사우루스는 지구상에서 가장 몸집 큰 포식자였어요. 고기를 먹는 육식 공룡이었죠. 무시무시한 턱으로 뼈를 부술 수 있을 정도로 무는 힘이 엄청 셌어요.

커다란 턱

티라노사우루스는 지금까지 지구에서 살았던 육지 육식동물 가운데 제일 커다란 공룡이에요. 오늘날 아프리카코끼리보다 무겁고 말보다 키가 컸죠. 또 공룡 가운데서도 가장 턱 힘이 세서 그야말로 두 발 달린 사냥 기계였답니다. 티라노사우루스의 턱은 가장 무서운 무기였어요. 턱 길이가 1m는 넘었는데 그 안에는 길고 날카로운 이빨이 가득했거든요. 그래서 무서운 물기 공격을 할 수 있었어요. 그 날카로운 이빨로 먹잇감을 물고 턱에 힘을 주면 같은 공룡도 도저히 당할 수가 없었답니다.

어마어마한 식욕

티라노사우루스는 타고난 사냥꾼이에요. 단번에 사냥감의 목숨을 끊어버렸죠. 그런데 고생물학자들이 이 공룡의 화석을 살펴본 결과, 지나가다 발견한 죽은 동물의 고기를 먹기도 했다는 사실이 밝혀졌답니다. 아마 티라노사우루스는 엄청난 먹보였을 거예요. 과학자들은 이 공룡이 한입에 200kg도 넘는 고기와 뼈를 먹었으리라고 생각해요.

티라노사우루스 렉스

살았던 시기 | 6,800만 년~6,500만 년 전
시대 | 백악기
살았던 지역 | 북아메리카
몸길이 | 12.5m
키 | 4m
몸무게 | 6t
먹이 | 육식성

살인 기계

티라노사우루스는 엄청나게 턱 힘이 세서 먹잇감을 쉽게 물어 죽일 수 있었어요. 다른 동물의 뼈 화석에 남아 있는 이빨 자국을 보면 티라노사우루스가 사냥감을 얼마나 세게 물었는지 알 수 있죠. 작은 칼 같은 긴 이빨로 사냥감의 살을 찢었고 뼈도 으스러뜨렸을 거예요. 하지만 티라노사우루스의 앞다리는 몸집에 비하면 아주 작았어요. 그래서 마구 저항하는 사냥감을 이 앞다리로 붙들지는 못했을 거예요.

티라노사우루스가 이빨로 물면 깊은 상처가 났어요. 이렇게 물린 동물은 대개 목숨을 잃었죠.

티라노사우루스의 이빨은 길이가 18cm나 되었어요. 고기를 먹는 공룡들은 이빨이 빠지거나 부러져도 계속해서 새로 자라나죠. 티라노사우루스도 다른 공룡과 싸우거나 사고 때문에 이빨이 상하면, 그 자리에 새로운 이빨이 자랐어요.

AUGMENTED REALITY
증강현실 체험상자

이 책을 편평한 바닥이나 테이블 위에 놓고 을 눌러 우리 안에 갇혀 있던 무시무시한 티라노사우루스를 불러내세요. 그리고 조이스틱 을 사용하면 공룡을 이리저리 움직일 수 있어요. 을 누르면 귀가 쩌렁쩌렁해지는 울음소리도 들을 수 있어요!

PREHISTORIC GIANTS
중생대 거대 공룡들

지금껏 지구상에 존재했던 초식 공룡 가운데 가장 큰 공룡들은 단연 용각류에요. 새로운 화석 증거를 보면 지금까지 알려진 것보다 더 큰 용각류가 있다고 해요!

고생물학자들은 용각류 공룡들의 커다란 목뼈 화석을 연구해요.

엄청난 덩치의 공룡들

용각류들은 네 개의 큼직한 다리가 있어 엄청난 몸무게를 지탱할 수 있었어요. 이 커다란 공룡들은 목이 길었지만 몸집에 비하면 머리는 아주 작았지요. 이런 몸의 생김새는 나뭇잎을 먹는 데 딱 알맞았어요. 작은 머리로 비집고 들어가 나무 꼭대기에 높이 달린 잎을 쉽게 따먹을 수 있었거든요. 이 용각류 가운데에는 꼬리가 몹시 길고 잘 휘어지는 공룡들도 있었죠. 그 중 가장 키가 크고 무거운 공룡은 암피코일리아스였어요. 과학자들은 이 공룡의 무게가 100t도 넘었으리라고 생각해요.

디플로도쿠스의 머리 길이는 60cm 밖에 안 되었어요. 사다리차처럼 긴 목뼈는 속에 빈 부분이 많아서 가볍고 잘 휘어졌지요.

디플로도쿠스

살았던 시기	1억 5,000만 년~1억 4,700만 년 전
시대	쥐라기
살았던 지역	현재의 미국
몸길이	32m
몸무게	30t
먹이	초식성

덩치 큰 용각류들

사우로포세이돈
이 공룡은 지금껏 발견된 공룡 가운데 목뼈가 가장 길어요. 목뼈 한 개의 길이가 1.4m는 되지요. 사우로포세이돈의 목을 쫙 펼치면 12m는 되었을 거예요.

수페르사우루스
몸길이가 긴 공룡 가운데 하나에요. 아마 42m는 되었을 거예요.

암피코일리아스
지금껏 발견된 암피코일리아스의 뼈는 2개뿐이에요. 하지만 과학자들은 이 공룡의 몸길이가 최대 60m였고 몸무게는 100t은 되었으리라고 생각해요. 지금껏 발견된 용각류 가운데 제일 크고 무겁죠.

디플로도쿠스는 자기를 공격하는 동물에게 꼬리를 채찍처럼 빠르게 휘둘러 물리쳤을 거예요.

볼리비아에서 발견된 이 화석은 거대한 용각류들이 지나다닌 흔적이에요.

큰 게 좋아

공룡 가운데서도 용각류만큼 몸집이 크고 몸무게가 많이 나가는 공룡은 거의 없었어요! 그런데도 용각류는 무리지어 생활했답니다. 어떻게 알았느냐고요? 실제로 화석을 보면 용각류 무리가 한꺼번에 발견되곤 하거든요. 아마도 이렇게 함께 있는 편이 공격을 받았을 때 안전하기 때문이었을 거예요. 또 용각류는 몸집이 컸던 만큼 천천히 움직였어요. 대신 식물을 뜯어 먹기 좋게 몸이 진화했지요. 우선 목이 길고 잘 휘어져서 큰 힘을 들이지 않고서도 나무 꼭대기의 이파리를 찾아 먹을 수 있었어요. 마치 오늘날의 기린처럼요! 또 디플로도쿠스 같은 몇몇 용각류들은 긴 목을 이용해서 낮은 곳에 자라는 식물들을 휩쓸어서 먹기도 했답니다. 디플로도쿠스처럼 큰 몸집을 유지하려면 무척 많이 먹어야 하기 때문에 이렇게 한꺼번에 잔뜩 먹을 수 있는 방법을 썼던 거죠.

ARMOURED ANKYLOSAURS
단단히 무장한 안킬로사우루스

안킬로사우루스라는 공룡 무리는 자기를 잡아먹으려는 공룡들로부터 자기를 지키기 위해 억센 갑옷과 가시를 둘렀어요. 몇몇은 날카로운 뿔이나 망치 모양의 꼬리로 맞서 싸우기도 했죠.

물샐 틈 없어
안킬로사우루스는 공룡 가운데서도 자신을 가장 잘 지켰어요. 우선 피부는 두껍고 단단한 골판(뼈로 된 판)으로 덮여 있었어요. 꼬리는 망치 모양이라서 자기를 공격하는 공룡들에게 무섭게 한 방 먹일 수 있죠.
이 공룡은 마치 탱크 같아요. 몸집이 크고 무거운 데다 밀어 넘어뜨리기도 어렵죠. 다리는 짧지만 힘이 아주 세서 적이 달려들어도 버티면서 꼬리를 힘차고 빠르게 휘두를 수 있었어요.

안킬로사우루스의 망치 모양 꼬리 화석은 지금껏 단 하나 발견되었어요. 길이가 60cm 정도로 길고 폭이 30cm 정도로 납작하죠. 생각보단 작지만 꽤 강력한 한 방을 날릴 수 있었답니다.

에드몬토니아는 몸통에 끝이 날카로운 가시와 몸을 보호하는 골판이 줄지어 나 있어요.

안킬로사우루스

살았던 시기	7,000만 년~6,500만 년 전
시대	백악기 후기
살았던 지역	현재의 미국, 캐나다, 남아메리카
몸길이	7m
키	1.2m
몸통 폭	1.8m
몸무게	6t
먹이	초식성. 낮게 자라는 식물, 나뭇잎, 고사리를 먹었어요.

갑옷을 입은 공룡

안킬로사우루스류는 몸에 갑옷을 두른 공룡들 가운데 가장 몸집이 커요. 제일 단단하게 무장한 공룡이기도 하죠. 상체에는 억센 가죽을 둘렀고 그 위에 단단한 골판이 징처럼 박혀 있어서 마치 군인들의 갑옷 같거든요. 이 갑옷 덕분에 안킬로사우루스는 티라노사우루스 같은 육식 공룡들의 이빨이나 발톱 공격에도 안전하답니다.

이 단단한 망치 모양 꼬리를 다리에 내리치면 육식 공룡들은 꼼짝 못할 거예요.

꼬리에 달린 망치

안킬로사우루스류 가운데 상당수는 자기를 공격하는 공룡들로부터 스스로를 지키기 위해 꼬리를 활용했어요. 코끼리 크기의 안킬로사우루스류인 에우오플로케팔루스는 키가 2m 50cm였는데 꼬리 끝에 두 개의 뼈가 합쳐져 있어 마치 망치 같았죠. 무게가 30kg이나 되어서 한번 맞으면 뼈가 부러질 정도로 무서운 무기였어요.

안킬로사우루스는 낮은 곳에 자라는 식물들을 먹고 살았어요. 이 식물들은 무척 질겨서 제대로 소화하려면 위장이 아주 커야 했죠. 이 공룡은 방귀도 엄청나게 많이 뀌었을 거예요!

STEGOSAURUS
스테고사우루스

스테고사우루스는 스테고사우루스류라는 무리에 속한 공룡으로 버스만 한 크기랍니다. 모두 식물을 먹고 살았지요. 등에는 별나게 생긴 골판이 줄지어 돋아 있었고 꼬리 끝에는 날카로운 가시가 있었어요.

크고 느릿느릿한 공룡
스테고사우루스는 스테고사우루스류 가운데 몸집이 가장 컸어요. 등에 난 커다란 골판 때문에 몸집이 더 커 보였죠. 스테고사우루스는 느리게 움직이는 초식 공룡이었지만 덩치도 크고 꼬리에 날카로운 가시가 있어 자기를 노리는 육식 공룡을 물리칠 수 있었어요. 예를 들어 같은 서식지에 살았던 알로사우루스도 혼내줄 수 있었죠.

골판에 대한 수수께끼
그런데 스테고사우루스의 골판은 사실 몸을 지키기에는 너무 얇았어요. 그래서 어떤 과학자들은 이 골판이 다른 용도로 쓰였을 거라고 생각한답니다. 바로 몸의 열을 내보내 체온을 서늘하게 조절하는 용도죠. 만약 골판이 밝은 색이었다면 자기를 뽐내는 용도로 썼을 수도 있어요. 마치 공작새처럼요! 또 골판 색깔로 서로 알아봤을 수도 있죠. 만약 색을 바꿀 수도 있었다면 육식 공룡을 피하기 위해 색을 바꾸기도 했을 거예요. 실제로 오늘날에도 어떤 곤충은 천적을 피하기 위해 몸의 색을 바꾸거든요.

목 위 골판이 제일 작았고, 엉덩이 위와 등의 둥그스름한 꼭대기의 골판이 제일 컸어요. 이런 큰 골판은 길이가 70cm, 폭이 80cm까지도 되었죠.

스테고사우루스

살았던 시기 | 1억 5,500만 년~1억 4,500만 년 전
시대 | 쥐라기 후기
살았던 지역 | 현재의 미국, 포르투갈
몸길이 | 9m
먹이 | 초식성. 낮은 곳에서 자라는 식물을 먹었어요.

무서운 꼬리

스테고사우루스는 꼬리 끝에 단단한 가시가 네 개 돋아 있었어요. 가시 하나하나는 길이가 90cm 정도였죠. 다른 공룡들이 공격하면 스테고사우루스는 이 커다란 가시가 난 꼬리를 양옆으로 휘둘렀어요. 이렇게 꼬리로 한 방 먹이면 상대방은 심한 상처를 입거나 죽기도 했답니다.

멍청한 공룡이었을까?

스테고사우루스는 공룡 가운데서도 뇌가 아주 작은 것으로 유명해요. 겨우 호두 정도의 크기죠. 덩치가 그렇게나 큰 걸 생각하면 엄청 작은 거예요. 하지만 그렇다고 이 공룡이 멍청하진 않았어요. 사실 초식 공룡들은 모두 덩치에 비해 뇌가 작았어요. 초식 공룡들의 생활 방식에는 이런 구조가 딱 맞았거든요.

BIZARRE BEASTS
무시무시한 짐승들

리오플레우로돈

살았던 시기 | 1억 6,500만 년~1억 4,500만 년 전
시대 | 쥐라기
살았던 지역 | 현재의 영국, 프랑스, 독일
몸길이 | 15m
몸무게 | 6t
먹이 | 육식성. 오징어나 어룡 같은 커다란 바다 생물을 먹어요. 물고기와 연체동물도 먹지요.

공룡이 땅 위를 지배하는 동안 수장룡, 어룡, 플리오사우르 같은 바다 파충류들은 중생대의 넓은 바다를 헤엄쳤어요. 익룡이라는 이름의 날아다니는 파충류들은 하늘을 꽉 잡고 있었죠.

깊은 바다의 괴물

중생대의 바다에서 가장 무서운 육식 동물은 플리오사우르류였던 리오플레우로돈이었어요. 이 덩치 큰 바다 파충류는 지느러미를 닮은 앞다리, 뒷다리로 어두침침한 쥐라기의 바다를 누비고 다녔죠. 리오플레우로돈은 다른 플리오사우르와 마찬가지로 공기를 들이마셔 숨을 쉬었어요. 또 수장룡에 비하면 목이 짧고 근육이 많은 편이었답니다.

리오플레우로돈은 몸집이 컸어요. 머리와 무시무시한 턱의 길이까지 합하면 5m나 되었지요. 오늘날의 상어와 마찬가지로 리오플레우로돈도 콧구멍이 있어서 냄새를 맡아 먹잇감을 뒤쫓았어요. 커다란 거북이나 수장룡, 어룡들을 사냥해서 꿀꺽하고 잡아먹었죠.

리오플레우로돈은 깊은 물 속에 살았어요. 몸집이 아주 컸기 때문에 리오플레우로돈을 공격해서 잡아먹을 수 있는 동물은 거의 없었죠.

오프탈모사우루스는 무척 강한 육식 동물이었어요. 하지만 무시무시한 리오플레우로돈을 만났다면 금방 잡혀 먹었을 거예요.

놀라운 어룡

어룡은 물고기나 돌고래를 닮은 커다란 바다 파충류였어요. 샤스타사우루스는 지금껏 발견된 어룡 가운데 몸집이 가장 크죠. 몸길이가 무려 21m에 달하는데 아주 오래전에 살았던 바다 파충류 가운데서도 가장 큽니다. 또 다른 어룡, 오프탈모사우루스는 폭이 23cm나 되는 엄청 큰 눈을 가졌어요. 이 눈 덕분에 깊고 어두운 바닷속에 숨은 먹잇감을 잘 찾아낼 수 있었지요.

날개 달린 공룡들

중생대의 하늘은 날개 달린 파충류가 지배했어요. 이 파충류의 이름은 익룡이라고 하죠. 앞다리와 뒷다리 사이에 얇게 늘어진 피부 한 장이 익룡들의 날개에요. 이 날개는 굉장히 컸지만 뼛속이 비어 있어서 몸이 무척 가벼웠답니다. 덕분에 쉽게 날 수 있었죠.
프테로닥틸루스는 처음으로 발견된 날개 달린 파충류에요. 이 익룡은 쥐라기 후기에 살았는데 호수나 석호 위를 날개를 퍼덕이지 않고 미끄러지듯이 날아다녔어요. 공기의 흐름을 이용해서 하늘을 날았던 거죠. 익룡들은 백악기에 들어서면서 점차 몸집이 커졌어요. 그중에서도 가장 큰 공룡은 케찰코아틀루스였죠. 이 익룡은 똑바로 서면 키가 거의 기린 만했답니다.

케찰코아틀루스는 하늘을 날던 고대 파충류 가운데 몸집이 가장 커요. 날개 길이가 한쪽에서 다른 한쪽까지 11m나 되지요. 과학자들은 케찰코아틀루스가 지금까지 지구에 나타난 날개 달린 동물 가운데 가장 컸을 거라고 생각해요.

이 프테로닥틸루스 화석을 보면 두개골과 몸통뼈가 가벼웠다는 사실을 알 수 있어요.

리오플레우로돈은 아마 물고기, 연체동물, 커다란 바다 동물들을 먹었을 거예요. 같은 시기에 살았던 플레시오사우루스들 화석의 위장 내용물을 보면 알 수 있지요.

BRACHIOSAURUS
브라키오사우루스

브라키오사우루스는 용각류 무리 가운데서도 식물을 먹고사는 공룡이었어요. 용각류에서 제일 몸집이 큰 공룡은 아니었지만 앞다리가 무척 길어서 잎이 아무리 높이 달려 있어도 쉽게 먹을 수 있었죠.

브라키오사우루스는 콧구멍이 컸어요. 그래서 과학자들은 이 공룡이 냄새를 잘 맡았을 거라고 생각하지요.

엄청난 먹보
브라키오사우루스는 몸무게가 35t 정도였어요. 코끼리 일곱 마리에 맞먹는 무게지요. 오늘날 지구상에 살아 있는 육상 동물들 가운데 가장 커요. 그래서 브라키오사우루스는 대부분의 시간을 먹는 데에만 썼답니다. 그 큰 몸뚱이와 몸무게를 유지하려면 아주 많이 먹어야 했거든요. 이 공룡들은 무리지어 식물을 뜯어 먹었는데 주로 소나무, 소철, 양치류, 은행나무를 먹었다고 해요. 날마다 400kg도 넘게 말이지요.

알에서 막 깨어난 브라키오사우루스 새끼는 몸집이 사람의 아기 정도밖에 안 돼요.

먹는 습관
브라키오사우루스는 턱뼈가 길지 않았어요. 그리고 날카롭고 칼날같은 52개 정도의 작고 납작한 이빨이 있어 이파리를 뜯어 먹기에 아주 좋았어요. 이 공룡은 먹을 거리를 씹지 않고 통째로 삼켰죠. 그래서 질긴 식물을 소화하기 위해 위장이 무척 컸어요. 그 안에서 며칠이든 천천히 소화하는 거죠.

브라키오사우루스의 완전한 뼈대가 발견된 것은 1998년이었어요. 다른 용각류 공룡들처럼 브라키오사우루스도 큰 몸집에 비해 머리가 아주 작았죠.

나무 꼭대기까지 휙!
브라키오사우루스는 용각류 가운데에서 앞다리가 뒷다리보다 긴 유일한 공룡이에요. 이 특징 때문에 '팔 도마뱀'이란 뜻에서 브라키오사우루스라는 이름이 붙었답니다. 과학자들은 이 긴 앞다리 덕분에 브라키오사우루스가 긴 목과 조그만 머리를 들어 올려 나무 꼭대기에 있는 잎을 뜯어 먹을 수 있었던 거라고 생각해요. 하지만 뒷다리만으로 그 엄청난 무게를 전부 지탱할 수는 없었어요. 그래서 몸을 쫙 뻗는 자세는 불가능했답니다.

공룡 알

공룡들의 새끼는 알에서 태어나요. 전 세계적으로 화석이 된 공룡 알이 200곳 넘는 장소에서 발견되었죠. 그런데 공룡 알이 흔한 화석은 아니랍니다. 브라키오사우루스 같은 용각류의 알은 축구공만 했고 두꺼운 껍데기에 싸여 보호되었어요.

알 낳기

용각류 가운데는 알을 줄 세워 낳는 공룡도 있었지만, 한꺼번에 낳아 쌓아놓는 공룡도 있었어요. 브라키오사우루스 같은 몸집 큰 용각류들은 몸통에서 뻗어 나온 기다란 관 같은 것을 써서 알을 낳았을 거예요. 다 낳으면 배고픈 육식 공룡들에게서 알을 지키기 위해 알들은 모래나 흙으로 덮었죠.

공룡 새끼들

공룡 새끼나 알 같은 화석들을 보면 몇몇 공룡들은 알과 새끼를 열심히 보살폈지만 다른 몇몇 공룡들은 새끼가 스스로 커 나가게끔 내버려 두었다는 걸 알 수 있어요. 예를 들어 브라키오사우루스 새끼들은, 다른 용각류와 마찬가지로 알에서 깨어 나오자마자 육식 공룡들로부터 자기 자신을 지켜야 했죠.

AUGMENTED REALITY
증강현실 체험상자

을 눌러서 브라키오사우루스 새끼가 알에서 깨어나게 해 줘요. 그리고 조이스틱 으로 조종해서 처음으로 세상에 발을 딛게 도와주세요. 이제 를 눌러서 새끼 공룡이 힘차게 우는 소리를 들어 봐요!

브라키오사우루스의 알은 길이가 30cm에 폭이 25cm인 타원형에 가까웠죠.

HORNS AND HEADGEAR
뿔과 머리 장식

몇몇 초식 공룡들은 아주 멋진 머리 장식을 갖고 있었어요. 종류도 뿔이나 주름 장식, 볏, 단단한 천장 같은 이마까지 다양했죠. 이것들은 자신을 지키거나 다른 공룡에게 뽐내는 데 쓰였어요.

뿔 셋 달린 무서운 공룡
트리케라톱스는 뿔 달린 공룡 가운데 가장 몸집이 크고 숫자도 많았어요. 버스만 한 몸집에 머리뼈 길이만 2m는 될 정도로 엄청나게 컸죠. 그래서 머리가 전체 몸길이의 3분의 1이나 되었답니다! 이 공룡은 머리 구조도 무척 복잡했어요. 우선 눈 위쪽에 두 개의 긴 뿔이 달렸고 주둥이 근처에는 짧은 뿔 하나가 달렸어요. 이 특징에 따라 이름도 '세 개의 뿔이 있는 얼굴'이라는 뜻의 트리케라톱스가 되었죠. 이 무서운 무기는 티라노사우루스나 다른 트리케라톱스 경쟁자들로부터 자기를 보호하는 데 쓰였어요. 트리케라톱스 머리뼈는 지금까지 50개가 넘게 발견되었는데 그중에는 뼈에 티라노사우루스의 이빨 자국이 났거나 다른 트리케라톱스가 뿔로 받은 상처가 난 것도 있답니다.

트리케라톱스의 주름 장식은 무척 단단한 데다 폭이 1m 가까이 되었어요. 과학자들은 이 장식이 자기를 뽐내거나 짝짓기 상대를 유혹하는 데 쓰였으리라고 생각하죠.

머리에 무서운 무기가 달려있어요!
각룡
이 덩치 큰 공룡들은 뒤쪽으로 휘어진 주름 장식과 뿔을 가졌고 부리 모양의 휘어진 입을 하고 있어요.

하드로사우루스
오리 주둥이 공룡이라고도 알려졌어요. 이 공룡들은 볏 색깔이 화려하고 부리가 길고 납작해요.

파키케팔로사우루스
이 공룡은 머리뼈가 튼튼하고 그 위에 단단한 혹이 붙었어요. 그래서 자기들끼리 박치기하며 싸웠죠.

트리케라톱스

살았던 시기	6,700만 년~6,500만 년 전	**몸길이**	9m
시대	백악기 후기	**몸무게**	5.5t
살았던 지역	현재의 미국, 캐나다	**먹이**	초식성

트리케라톱스의 눈 위쪽에 달린 뿔 두 개는 길이가 1m 정도로 꽤 길었어요. 그래서 자기를 공격해 오는 공룡들에게 심한 상처를 입힐 수 있었죠.

트리케라톱스는 앵무새를 닮은 부리로 야자과 식물의 잎을 뜯어 먹었을 거예요.

박치기 공룡

파키케팔로사우루스의 이름은 "머리뼈가 두꺼운 도마뱀"이라는 뜻이에요. 실제로 커다란 머리뼈 화석을 보면 머리 꼭대기가 둥근 천장처럼 솟아올라 있었죠. 그 위에는 단단한 혹들이 뒤덮여 있고요. 이 둥근 천장은 두께가 25cm인 단단한 뼈로 이루어져 있는데 파키케팔로사우루스는 아마 이 머리뼈로 박치기를 하며 싸웠을 거예요. 과학자들은 짝짓기 상대를 놓고 싸우는 수컷끼리 이렇게 박치기를 하며 힘을 겨뤘을 거라 생각해요. 머리뼈와 목 사이의 관절은 박치기할 때의 충격을 잘 흡수했을 거예요.

파키케팔로사우루스의 머리에는 커다랗고 단단한 뼈가 천장을 이루고 있었어요.

머리에 달린 무서운 무기

하드로사우루스 종류 가운데에는 머리 볏 색깔이 화려한 공룡들이 많아요. 그중에서도 파라사우롤로푸스가 가장 별난 머리 볏을 가졌죠. 이 공룡의 머리 볏은 길이가 2m이고 속이 비어 있어서 그 속에 공기가 통했답니다. 파라사우롤로푸스는 이 볏을 통해 소리를 내서 짝짓기 상대를 유혹했을 거예요. 자기를 잡아먹으려는 육식 공룡이나 경쟁 상대인 다른 공룡을 겁주기도 했을 테죠.

두 마리의 트리케라톱스 수컷이 뿔을 서로 얽으며 싸우고 있어요.

VICIOUS VELOCIRAPTOR
사나운 벨로키랍토르

벨로키랍토르는 백악기 후기, 아시아의 덥고 건조한 사막에 살았던 몸집 작은 육식 동물이에요. 이 공룡은 앞다리와 뒷다리에 달린 커다랗고 끝이 휘어진 발톱으로 먹잇감에게 큰 상처를 입혀 죽이는 무서운 사냥꾼이었어요.

깃털 달린 육식 공룡
1922년 몽골의 고비 사막에서 벨로키랍토르의 화석이 처음으로 발견되었어요. 이때 이후로 러시아와 중국, 몽골에서 열 점 가량의 다른 뼈대 화석이 발견되었죠. 이 화석을 보면 벨로키랍토르는 다 큰 칠면조 정도의 크기였고 두 다리로 걸었을 거라 생각돼요. 화석의 앞다리에서는 '깃촉 혹'이라는 조그만 구조가 발견되었어요. 이걸로 볼 때 아마 이 공룡에게는 깃털이 있었을 거예요. 하지만 그렇다고 하늘을 날았던 건 아니에요. 이 깃털은 어디까지나 체온을 조절하거나 자기를 뽐내는 데 쓰였을 거예요.

벨로키랍토르는 턱 길이가 길고 입에는 작고 날카로운 이빨이 60개나 빼곡히 나 있었어요. 그래서 살코기를 찢어 먹기에 알맞았죠.

똑똑한 사냥꾼
벨로키랍토르는 몸집에 비하면 뇌가 큰 편이에요. 그래서 영리하게 다른 동물을 사냥했죠. 시각과 후각이 예민했고 반응 속도도 빨랐을 거예요. 이런 특성 덕분에 잽싸게 사냥을 잘하는 육식 공룡이 되었죠. 다만 다리가 짧은 편이라 먼 거리를 계속 빠르게 달리지는 못했어요. 그래서 사냥할 때는 짧은 거리를 시속 39km 정도까지 빨리 달려서 사냥감을 덮쳤답니다.

랍토르 무리
고생물학자들은 벨로키랍토르나 다른 랍토르 공룡 무리를 일컬어 드로마이오사우루스과라고 불러요. 이 이름은 "달리는 도마뱀"이란 뜻이에요. 이 육식 공룡들이 두 다리로 잽싸게 달렸기 때문에 이런 이름이 붙었지요. 새와 비슷한 이 공룡들은 날카로운 이빨, 큰 눈, 낫 모양의 뒷발가락을 지닌 무섭고 재빠른 사냥꾼이었어요. 무리의 다른 종류로는 데이노니쿠스와 유타랍토르가 있죠.

9cm 길이의 커다란 두 번째 뒷발톱은 먹잇감을 찍어 심한 상처를 입혔어요.

벨로키랍토르

살았던 시기	7,500만 년~7,100만 년 전	키	최대 1m
시대	백악기 후기	몸무게	7kg~15kg
살았던 지역	현재의 몽골, 중국, 러시아	먹이	육식성. 작은 포유류나 공룡을 잡아먹었어요.
몸길이	최대 2.5m		

결투하는 공룡들

1971년 고생물학자들은 벨로키랍토르와 프로토케라톱스가 서로 싸우는 모습이 남아 있는 뼈대 화석을 발견했어요. 이 놀라운 화석은 벨로키랍토르가 어떻게 싸우고 사냥했으며, 식사 습관은 어땠는지에 대해 많은 사실을 알려주었죠. 우선 벨로키랍토르는 몸집이 작고 무척 잽쌌어요. 프로토케라톱스는 오늘날 돼지 정도의 크기였는데 화석에서 보면 잡아먹히고 있죠. 벨로키랍토르가 앞발가락 세 개로 프로토케라톱스를 움직이지 못하게 붙든 다음, 낫 모양의 긴 뒷발톱으로 마구 찌르고 갈기갈기 찢는 식이었답니다. 또 칼날처럼 날카로운 이빨로 먹잇감을 물어뜯기도 했어요. 하지만 이 화석을 보면 프로토케라톱스 또한 만만치 않았다는 걸 알 수 있어요. 프로토케라톱스의 부리 모양 입이 벨로키랍토르의 앞발 하나를 꽉 문 채로 화석이 되었거든요. 만약 화석이 되지 않았다면 벨로키랍토르도 앞발 하나를 포기해야 했을지도 몰라요.

길고 뻣뻣한 꼬리 덕분에 벨로키랍토르는 달릴 때 중심을 잡을 수 있었죠. 그리고 뒷다리를 들어 낫 모양의 발톱을 휘두를 때도 넘어지지 않았어요.

AUGMENTED REALITY
증강현실 체험상자

을 눌러 공룡이 갇힌 우리를 열고 벨로키랍토르 무리와 함께 사냥을 떠나요. 조이스틱 을 이용해서 벨로키랍토르를 이리저리 돌리며 친구 공룡들이 어디 있나 살펴봐요. 를 눌러 이 공룡이 으르렁 울부짖는 소리를 들어 보세요.

DINOSAUR DINNERS
공룡은 뭘 먹을까요?

공룡은 무엇을 먹었을까요? 다른 동물들과 마찬가지로 어떤 공룡들은 식물을 먹고 어떤 공룡들은 고기를 먹었을 거예요(사냥하거나 죽은 동물의 고기를 주워서). 식물과 고기를 다 먹는 공룡도 있었겠죠. 공룡들의 몸과 이빨, 턱은 자기가 주로 먹는 먹이에 알맞은 생김새를 갖췄답니다.

기가노토사우루스는 턱이 무척 컸고 길이가 20cm나 되는 톱날 모양의 이빨이 꽉 차 있었어요.

커다란 위장
브라키오사우루스 같은 식물을 먹고 사는 몸집 큰 용각류 공룡들은 날마다 1t이나 되는 풀을 먹어 치웠어요. 이 공룡들의 이빨은 쐐기같이 생겨서 나뭇잎을 주욱 훑어 먹기에 좋았어요. 하지만 잎을 씹는 데는 적절하지 않았죠. 뱃속으로 들어간 엄청난 양의 식물을 소화하기 위해서 용각류의 위장 크기는 엄청 커졌답니다. 방귀도 계속해서 뿡뿡 나왔죠!

풀 먹는 공룡들
하드로사우루스(오리 주둥이 공룡)와 각룡(뿔 달린 공룡) 같은 작은 초식 공룡들은 식물을 잘라서 으깨 먹기 좋은 이빨을 가졌어요. 에드몬토사우루스 같은 하드로사우루스는 오리 모양의 부리로 식물을 찾아다니면서 양쪽 볼에 있는 엄청나게 많은 이빨로 잘근잘근 씹어 먹었죠. 트리케라톱스나 프로토케라톱스 같은 각룡들은 가장자리가 날카로운 부리로 풀이나 나뭇잎을 자르고 뜯었어요. 그래서 이러한 공룡들의 입 뒤쪽에는 스스로 날카롭게 유지하는 특별한 이빨이 있었죠. 먹이를 잘게 자르고 뜯기 위해서였어요.

기가노토사우루스는 엄청난 몸무게를 이용해서 먹잇감을 세게 내려쳤어요. 그래서 먹잇감이 쓰러지면 이빨로 물어뜯었죠.

프로토케라톱스의 머리뼈 화석을 보면 잎과 어린싹을 잘라 먹기 좋게끔 부리가 날카로웠다는 걸 알 수 있어요.

기가노토사우루스

살았던 시기	1억 년 전
시대	백악기
살았던 지역	남아메리카
몸길이	12.5m
키	최대 4m
몸무게	8t
먹이	육식성. 다른 동물 고기를 먹었는데, 때로는 아주 큰 공룡까지도 잡아먹었어요.

고기 먹는 공룡들

고기를 먹는 공룡들은 직접 사냥을 하거나 죽은 동물의 고기를 찾아다녀요. 사냥은 위험하고 힘들거든요. 게다가 몸이 잽싸고 머리도 똑똑해야 해요. 대신 먹잇감을 죽여 고기를 얻으면 며칠 동안은 사냥하지 않아도 먹고살 수 있죠. 그래서 육식 공룡들은 무리를 지어 사냥하기도 해요. 그러면 더욱 사냥을 잘할 수 있거든요. 혼자서 사냥할 때는 늙거나 병든 동물, 아니면 새끼처럼 사냥하기 쉬운 먹잇감을 노려요. 이렇게 하면 힘을 아끼면서도 사냥할 수 있죠. 죽은 동물의 고기를 찾는 것은 이보다 더 쉬워요. 하지만 썩은 고기는 건강에 좋지 않답니다.

공룡의 똥

공룡의 똥이 화석으로 남은 것을 분석이라고 불러요. 분석을 보면 공룡이 뭘 먹고 살았는지를 알 수 있죠. 고생물학자들은 이 속에서 식물의 씨앗부터 나뭇잎, 물고기 비늘, 동물 고기, 이빨, 반쯤 소화된 뼈까지 찾아냈어요. 하지만 분석이 발견되어도 그 주인이 어떤 공룡이었는지 알아내는 건 힘들어요. 지금까지 발견된 것 가운데 제일 큰 분석은 폭이 40cm까지 되는데, 아마도 몸집 큰 용각류인 디플로도쿠스 것으로 보여요.

기가노토사우루스는 웬만한 용각류 저리 가라 할 정도로 몸집이 커요. 과학자들은 이 공룡이 먹잇감을 사냥하기 위해 나무 사이에 몸을 숨겼다가 갑자기 덮쳤을 거라고 생각해요.

HIGH-FLYING PTERANODON
높이 나는 프테라노돈

익룡은 하늘을 나는 파충류에요. 공룡과 같은 시대에 살았죠.
프테라노돈은 익룡 가운데 제일 컸어요.
그래서 백악기 후기의 하늘을 지배했답니다.

날개 달린 거인

프테라노돈은 날개가 엄청나게 컸어요. 지금까지 살았던 어떤 새보다도 컸지요. 다 큰 수컷이 날개를 쫙 펼치면 길이가 10m나 되었어요. 이 날개에는 깃털이 없었지만 피부 비슷한 가죽 막으로 덮여 있었죠. 여기에 몸통과 뒷다리의 윗부분, 앞다리의 길게 늘어난 넷째 발가락이 연결되어 있었어요. 새들과 마찬가지로 프테라노돈도 뼛속이 비어 있어 몸이 가벼웠어요. 덕분에 커다란 몸을 보다 쉽게 공중으로 띄울 수 있었죠.

프테라노돈은 입이 부리 모양으로 길었어요. 하지만 이빨은 없었죠.

과학자들은 프테라노돈이 네 발로 서서 짧은 거리를 걸을 수 있었으리라고 생각해요. 날개를 접은 채로요.

AUGMENTED REALITY
증강현실 체험상자

을 눌러 공룡 우리를 열고 멋진 프테라노돈을 공중으로 날려 보내요. 조이스틱으로 이리저리 방향도 바꿔 보고요. 을 누르면 프테라노돈의 울음소리를 들을 수 있어요. 을 누르면 땅에 내려왔다가 다시 누르면 아까처럼 공중으로 날릴 수 있죠. 을 누르면 우리로 다시 들어가요.

이륙 준비 끝!

프테라노돈은 절벽 같은 높은 장소보다는 땅바닥에서 날아올을 거예요. 이 사실은 긴 앞다리를 볼 때 알 수 있죠. 학자들은 순간에 힘을 폭발시키기 위해 긴 앞다리로 장대높이뛰기 하듯 하늘로 뛰어올랐으리라고 생각해요. 일단 땅을 박차고 떠오른 다음에는 커다란 날개를 퍼덕거려 더 높이 날아올랐을 거예요.

프테라노돈

살았던 시기	8,500만 년~7,500만 년 전	**날개 길이**	수컷은 5~10m, 암컷은 최대 4m
시대	백악기 후기		
살았던 지역	북아메리카	**몸무게**	최대 25kg
몸길이	2m	**먹이**	육식성. 주로 물고기와 오징어를 먹어요.
섰을 때 키	최대 2m		

프테라노돈 수컷은 볏 길이가 머리 나머지 부분과 비슷했어요.

날아다니는 어부

프테라노돈은 날개를 퍼덕거리며 멀리까지 날아가 먹이를 찾았어요. 과학자들은 프테라노돈이 긴 부리를 사용해 물고기를 물에서 휙 낚아채 통째로 삼켰으리라고 생각해요. 오늘날의 사다새(펠리컨이라고도 해요)처럼요. 몸에 깃털이 있었던 건 아마 프테라노돈이 온혈 동물이어서 그럴 거예요. 체온을 유지하려면 몸을 깃털로 덮어야 하니까요.

머리가 너무 커!

지금껏 발견된 프테라노돈 화석은 1,000개도 넘어요. 이 화석을 보면 프테라노돈 암컷과 수컷의 몸 크기며 생김새가 어떻게 달랐나 알 수 있죠. 우선 수컷은 암컷보다 몸집도 컸고 날개폭도 더 길었어요. 머리뼈에는 커다랗고 단단한 볏이 뒤쪽으로 뻗어 있었죠. 반면 암컷은 몸집이 훨씬 작았고 머리 볏도 더 짧았어요. 이 머리 볏에 대한 해석은 여러 가지가 있지요. 예전 고생물학자들은 익룡의 머리 볏이 하늘을 날 때 방향을 잡는 키처럼 쓰였으리라고 생각했어요. 하지만 오늘날에는 경쟁 상대에게 자기를 뽐내고 짝짓기 상대에게 잘 보이기 위한 도구였을 거라고 추측한답니다.

END OF THE DINOSAURS
공룡 시대 막이 내리다

약 6,500만 년 전 공룡들은 갑자기 모두 사라졌어요. 공룡과 함께 살던 동물들의 절반 이상도 같이 죽어 없어졌죠. 과학자들은 이런 대규모 멸종을 설명하기 위해 여러 가지 이론을 세웠어요.

갑작스러운 죽음

화석을 보면 공룡이며 익룡, 몸집 큰 바다 파충류들이 6,500만 년 전에 갑자기 모두 죽어 없어졌음을 알 수 있어요. 날씨가 변했기 때문이라면 이보다 더 천천히 사라졌을 거예요. 따라서 전 지구적인 규모로 큰 재앙이 닥쳤음을 알 수 있죠. 여기에는 그럴듯한 설명이 두 가지 있어요. 바로 커다란 운석이 지구에 떨어졌거나 큰 규모의 화산 폭발이 있었다는 것이죠. 그 결과 환경이 크게 파괴되어 그토록 많은 동물이 멸종하게 되었다는 거예요.

운석이 충돌해요

백악기 말 지구에 엄청나게 큰 운석이 떨어졌다는 증거가 있어요. 이게 사실이라면 당시 식물들이며 공룡들, 다른 동물들까지 모조리 휩쓸어 버렸을 거예요. 1990년에는 멕시코 근처 바다 밑바닥에서 폭이 180km에 이르는 커다란 운석구가 발견되었어요. 그 운석이 떨어진 시점은 약 6,500만 년 전이었죠. 이 운석구의 크기를 보면, 지구에 떨어졌을 당시 운석의 폭이 10km는 되었고 시속 10만 km의 속도로 충돌했을 거라고 생각돼요.

연쇄 반응이 일어나요

이렇게 커다란 운석이 떨어지고 나자 꼬리에 꼬리를 물듯 여러 변화가 생겼어요. 화산이 연이어 폭발하고 쓰나미가 바닷가 낮은 지대를 쓸고 지나갔죠. 해로운 기체와 먼지, 화산재가 공기 중에 떠다니는 바람에 기후가 크게 바뀌었어요. 그래서 예전에 살던 식물이 거의 죽었고, 그 식물을 먹고 살던 동물들도 죽었죠.

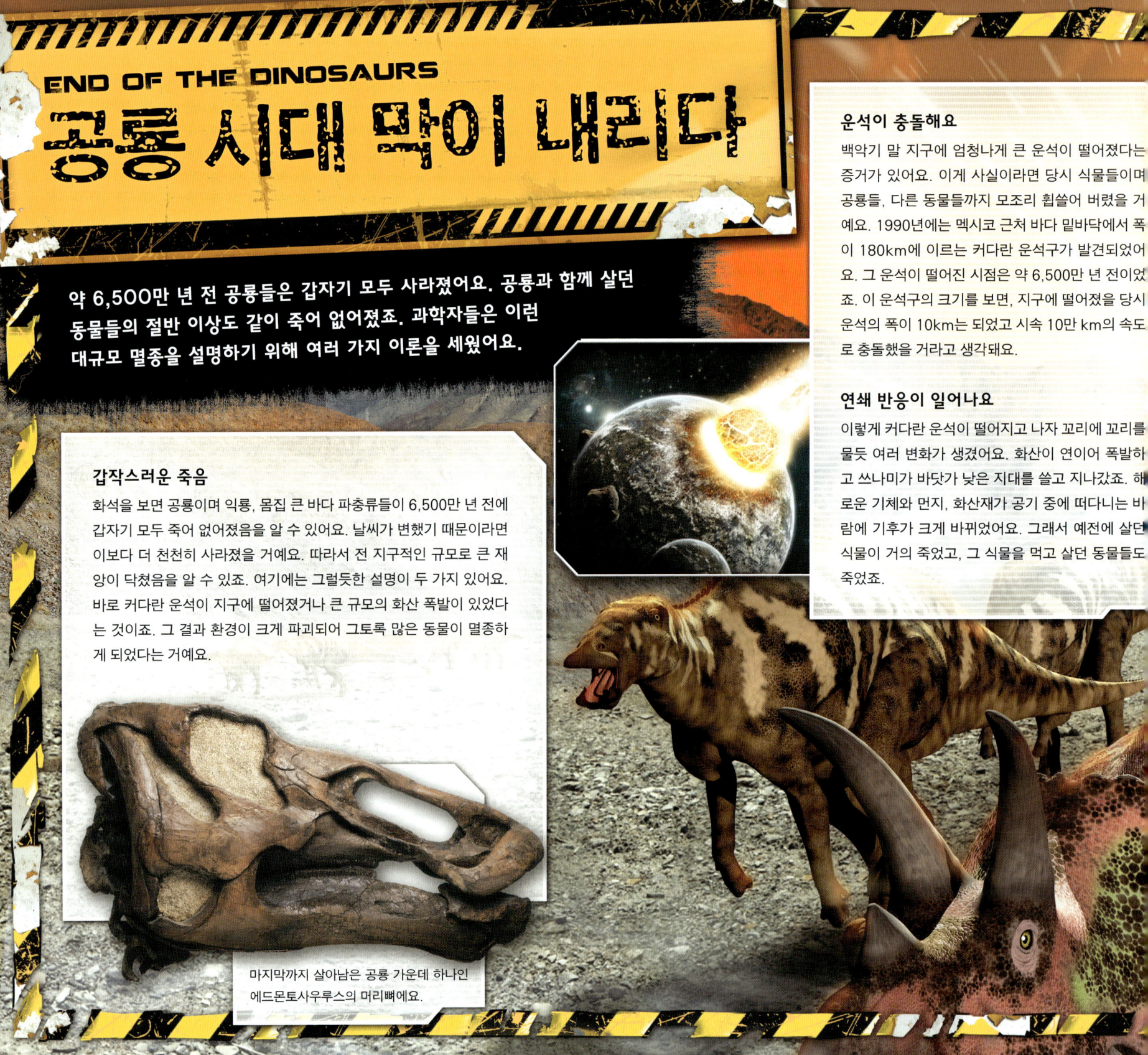

마지막까지 살아남은 공룡 가운데 하나인 에드몬토사우루스의 머리뼈예요.